山西体育文化丛书

三晋体育诗赞

《山西体育文化丛书》编委会 编

山西出版传媒集团
山西人民出版社

图书在版编目（CIP）数据

三晋体育诗赞 /《山西体育文化丛书》编委会编
．-- 太原：山西人民出版社，2019.8
（山西体育文化丛书）
ISBN 978-7-203-10990-7

Ⅰ．①三… Ⅱ．①山… Ⅲ．①诗集－中国－当代
Ⅳ．①I227

中国版本图书馆CIP数据核字(2019)第145772号

三晋体育诗赞

编　　者：《山西体育文化丛书》编委会
责任编辑：郭向南
复　　审：武　静
终　　审：秦继华
装帧设计：基因印刷

出 版 者：山西出版传媒集团・山西人民出版社
地　　址：太原市建设南路 21 号
邮　　编：030012
发行营销：0351-4922220　4955996　4956039　4922127（传真）
天猫官网：https://sxrmcbs.tmall.com　电话：0351-4922159
E－mail：sxskcb@163.com　发行部
　　　　　sxskcb@126.com　总编室
网　　址：www.sxskcb.com

经 销 者：山西出版传媒集团・山西人民出版社
承 印 厂：山西新华广告有限公司

开　　本：787mm×1092mm　　1/16
印　　张：7.75
字　　数：120 千字
印　　数：1—3000 册
版　　次：2019 年 8 月　第 1 版
印　　次：2019 年 8 月　第 1 次印刷
书　　号：ISBN 978-7-203-10990-7
定　　价：45.00 元

如有印装质量问题请与本社联系调换

《山西体育文化丛书》编委会

主　任　赵晓春　苏亚君
副主任　袁乃平　田麦久　杜学文　李俊温　高　波
委　员（以姓氏笔画为序）
　　　　　王　福　石　岩　田文波　杜　荣　李润民　张卫平
　　　　　张文智　张锐锋　武锐强　周文杰　侯　冰　程中平

《山西体育文化丛书》出版委员会

主　任　胡彦威
副主任　姚　军　梁晋华
委　员　武　静　高　雷　蔡咏卉　席　青　赵晓丽
　　　　　张慧兵　郭向南

《三晋体育诗赞》编委会

主　编　　田麦久　　王钰清
委　员
王柏权　　《球报》总编辑
王钰清　　沈阳体育学院原党委书记、院长、研究员
田麦久　　全国政协原常委，北京市人大常委会原副主任，北京体育大学原副校长、教授
朱八八　　澳门中华民族传统体育协会副秘书长
刘德佩　　中国人民解放军特种作战学院原军事体育战略研究中心主任、教授，副军职
安洪波　　人民体育出版社编辑
李春艳　　国家体育总局离退休干部局处长
余松波　　武汉体育学院原副院长
张贵敏　　沈阳体育学院原院长、教授
张绰庵　　河北体育学院院长、教授
罗兰秋　　成都体育学院教授
徐昌豹　　上海体育学院教授
黄向东　　中国民主同盟湖北省委原常务副主委、武汉体育学院教授
崔大林　　中华全国体育总会顾问、国家体育总局原副局长
董志霄　　河北体育学院副院长、教授
谢雪峰　　武汉体育学院教授

欣逢盛会谱华章

——《山西体育文化丛书》代序

山西省体育局为庆祝中华人民共和国成立70周年，喜迎二青盛会，而精心编撰的《山西体育文化丛书》即将付梓，编辑同志约我作序，我欣然应命。

翻阅厚厚的6册书稿，品读一篇篇情真意切的心血之作，数十年体育历程一时翻腾在脑海之中。

2019年是中华人民共和国成立70周年。就山西体育而言，2019年同样值得骄傲和铭记。这一年，山西体育发生和即将发生诸多大事，其中最让人难忘的是二青会的承办。在共和国成立70周年这个大背景的铺陈下，承办这样一届综合性运动会，既是山西体育界的一大盛事，也是山西人民为国庆70周年奉献的最好礼物。同样，值此时刻，这套锦上添花的系列丛书，也会极自然地被读者看作山西体育人馈赠二青会的珍贵礼物。

众所周知，本届青运会是中华人民共和国成立以来山西承办的规模最大、参与人数最多的体育活动。在体育领域，放眼国内外，本届青运会的项目设置、参赛人数、时间跨度以及各项活动的多元性也是前所未有、首屈一指的。

当下，二青会的筹备工作已进入决胜阶段，纷繁冗杂的事务相互交织，千头万绪。组委会同志负任蒙劳，不遑启处，而我们体育部门的同志又恰恰置身筹备团队的第一方阵。从动议到付梓，丛书出版只有短短3个月时间，按常理，几乎是一个"不可能完成的任务"，但居然完成了。行文至此，我想到我们二青会的筹备工作又何尝不是如此！

在围绕二青会展开的一系列相关活动中，这套丛书的出版是一件极具文化意义和学术价值的事情。当然，囿于时间、经验等方面的局限，加之一些现实原因，丛书在若干细节上还有值得商榷和需要改进的地方。具体到每一篇文章，谋篇布局未必讲究，遣词造句还不尽细腻。尽管如此，体育人的豪迈、赤诚仍跃然纸上。

丛书共6册，分别为《初心与使命——新中国山西体育70年70人》《后二青会时代的体育与城市发展》《三晋体育诗赞》《新声：三晋体育文化大讲堂撷英》《众说：我们的青运会》《风华满三晋——山西全民健身掠影》。

《初心与使命——新中国山西体育70年70人》抒写了山西70位功勋卓著的体育工作者的奋进和情怀。之所以择定70人，我想是为了契合共和国成立70周年这个时间节点。事实上，山西体育在70年的发展历程中，无数同志筚路蓝缕，接续奋斗，为山西体育做了大量工作，这70位同志，只是众多优秀体育人的代表。他们个人的奋斗历程，置于山西体育70年的辉煌史中，其实是一个个铿锵的足印。

《后二青会时代的体育与城市发展》应时应势收录了34篇论文。如果以时间为序把二青会划为三个单元，可以发现筹备期不长，比赛期更短，而赛后乃至未来才是一个较长的时段。二青会结束后，山西体育、山西经济社会如何发展，50多位论文作者未雨绸缪、见仁见智，以二青会的举办为背景和发端，从不同视野和角度为山西社会的未来发展提出了建议，勾画了蓝图。

如果说《后二青会时代的体育与城市发展》一书是围绕一个较为明晰的既定课题结集成书，那么，《新声：三晋体育文化大讲堂撷英》

的主旨就较为宽泛了。近年来，山西省体育局高度重视体育文化建设。两年时间，约请了十余位在体育界及相关领域具有较深学术造诣的专家学者来为山西体育传道授业，指点迷津。此书集成了诸位学人在山西的讲座内容。相信它的面世，必将为山西的体育文化建设提供值得期许的助推。

《三晋体育诗赞》收录诗、词101首。作者是十余位德高望重的老一辈体育工作者，他们饱含对山西体育的殷殷期盼和深深祝福，以浓墨重彩的笔触为山西体育摇旗呐喊，击节助威，可以说篇篇锦绣，字字珠玑。

《众说：我们的青运会》呈现的是50位不同身份、不同职业、不同经历，在二青会筹备和举办过程中承担不同工作的平凡人士。他们就是我们身边"熟悉的陌生人"。他们对二青会的诠释就是我们对二青会的解读，他们对二青会的向往就是我们对二青会的期冀，他们对二青会的感怀就是我们对二青会的祝福。二青会之于他们价值诉求、人生轨迹的作用与改变，帮助我们从不同层面对二青会有了全新的认知。

《风华满三晋——山西全民健身掠影》是6册书中唯一一本画册，图文并茂，印制精美，通过大量生动写实的图片向读者展示了山西人民精彩的"体育人生"。习近平总书记指出："没有全民健康，就没有全面小康。"当下中国，大众健康已上升至实现民族复兴、增进人民福祉的国家战略层面；今日山西，群众的健身自觉已然形成，健身热情空前高涨。该书正是山西人民向往健康、投身健身的真实写照。

上马击狂胡，下马草军书。在挥汗如雨筹备二青会的关键时期，在戎马倥偬的非常时段，大家能争分夺秒完成丛书出版，我作此序，权作致敬、致谢——感谢这套丛书全景式展现了山西体育的奋斗历程和建设成就。

最后，希望读者看完丛书后，还愿意什袭典藏。是为序。

山西省体育局局长、党组书记

2019 年 7 月

序：为山西体育事业的发展鼓与呼

位于太行西麓，立于黄河东岸，古韵悠长、人杰地灵的山西，是中华民族几千年繁衍之地。这里有着古老的传统文化，更在新时代改革开放的大潮中阔步前行。

远古以来，生活在这片黄土地上的人们，就在生活和劳动的过程中，创造了多种多样的身体活动，如在庆贺收获的篝火旁舞之蹈之，或手持耕作、狩猎的器具比赛。在朔州峙峪的旧石器遗址中，可以看到人类早期体育活动的萌芽；在大同云冈的精美石窟中，雕刻着北魏时代摔跤、驭马的真实情景。走遍三晋大地，武术、摔跤、射箭等丰富多彩的民间体育活动处处可见。

随着社会的发展，在山西的现代化建设中，作为社会文明的一个重要组成部分，体育事业也有了飞跃式的发展，取得了长足的进步。汾河儿女更加健康美丽，三晋选手在国内外赛场上取得了骄人的成绩。即将于 2019 年 8 月在山西举办的第二届全国青年运动会，是对山西省社会经济发展成就的一次检阅，也是山西迈向新的历史阶段的发展契机，更是山西体育事业大步前行的新的起点。

受山西省体育局委托，浣花诗社承担了《三晋体育诗赞》的创作任务。浣花诗社是体育界中华传统诗词爱好者组成的社团，也是中国体育科学学会体育社会学分会中的体育诗词研究学组。浣花诗人们为山西体育的发展成就所鼓舞，愿为三晋体育鼓与呼，热情地投入了《三晋体育诗赞》的创作。今天献于读者面前的这一本《三晋体育诗赞》，即浣花诗社成员历时一年的创作成果。《三晋体育诗赞》分为《三晋体育史话》《三晋民间体育》《三晋体育英杰》及《三晋体育新貌》四个板块，共集诗词101首。

山西省体育局为《三晋体育诗赞》的创作提供了充足的条件。体育局领导向诗社成员详细介绍了山西体育发展的历史、现状和远景，为诗人们准备了珍贵的资料，组织诗社成员对山西省博物院、山西省体育博物馆、山西省体育中心、二青会马术运动中心等地进行了实地考察。值此《三晋体育诗赞》付梓之际，我们对山西省体育局的信任与支持表示真诚的谢意！预祝第二届全国青年运动会圆满成功！祝愿山西省体育事业取得更加辉煌的成绩！

目 录

三晋体育史话

清平乐·峙峪古人类遗址有寄　　　　　　　王钰清 / 002

七绝·石球　　　　　　　　　　　　　　　王柏权 / 003

七绝·观云冈石窟体育石雕　　　　　　　　田麦久 / 004

七律·观冠军之由来咏霍去病　　　　　　　李春艳 / 005

七律·咏山西省体育博物馆　　　　　　　　王钰清 / 006

七律·参观山西省体育博物馆有感　　　　　余松波 / 007

浪淘沙·参观山西省体育博物馆　　　　　　张贵敏 / 008

五律·山西省体育博物馆　　　　　　　　　刘德佩 / 009

七律·山西省体育博物馆观感　　　　　　　黄向东 / 010

忆梦月·参观山西体育博物馆之抗日根据地体育　　崔大林 / 011

阮郎归·山西体育博物馆国防体育厅　　　　刘德佩 / 012

三晋体育英杰

谒金门·"天安门城墙"周晓兰	罗兰秋 /	014
减字木兰花·蹦床王子董栋	田麦久 /	015
七律·赞奥运会季军张卫红	王钰清 /	016
醉东风·手球勇将孙秀兰	罗兰秋 /	017
少年游·常永祥获奥运会男子古典式摔跤银牌	徐昌豹 /	018
七律·射雕女杰方玉婷	张贵敏 /	019
七律·气宏智伟	谢雪峰 /	020
菩萨蛮·全运会女子重剑冠军郝佳露	刘德佩 /	021
鹧鸪天·亚运会女子铁饼冠军高育葵	刘德佩 /	022
七律·体操世界冠军杨艳丽	余松波 /	023
百尺楼·赞亚运会射击冠军程中平	崔大林 /	024
采桑子·赞亚运会女子自行车冠军周素英	张绰庵 /	025
减字木兰花·赞亚运会武术冠军原文庆	董志霄 /	026
七律·赞亚运会举重冠军郭秋香	黄向东 /	027
浣溪沙·亚运会武术全能冠军袁新东	安洪波 /	028
东风第一枝·长拳冠军袁晓超	王柏权 /	029

采桑子·亚运会女子空手道冠军冯兰兰	李春艳	/ 030
玉楼春·记亚运会游泳冠军曹钥	朱八八	/ 031
浪淘沙·乒乓球世界冠军武杨	田麦久	/ 032
江城子·射击世界冠军赵若竹	王钰清	/ 033
鹊桥仙·亚运会女子双人划艇冠军马亚男	徐昌豹	/ 034
七律·全运会摩托艇冠军卜过祥	谢雪峰	/ 035
七律·铁骑娇女柳丽春	张贵敏	/ 036
浣溪沙·全运会自行车双金三连冠运动员宁艳华	余松波	/ 037
七律·记全运会射箭冠军王友群	崔大林	/ 038
七律·赠中国自行车协会副主席吴增仁	安洪波	/ 039
采桑子·赞全运会武术冠军王冬莲	张绰庵	/ 040
七律·赞全运会自行车团体冠军刘学忠	董志霄	/ 041
浣溪沙·赞全运会自行车团体赛冠军刘俊	黄向东	/ 042
诉衷情·全运会自行车双金段桂平	王柏权	/ 043
菩萨蛮·全运会女子自行车双冠军胡秀芳	李春艳	/ 044
玉楼春·记全运会摔跤冠军张泽田	朱八八	/ 045
七律·三届全运会摔跤冠军韩玉伟	田麦久	/ 046

清平乐·赞三届全运会体操冠军陈锋	王钰清 /	047
七律·赞三届全运会摔跤冠军梁磊	张贵敏 /	048
采桑子·全运会场地自行车双项冠军高志国	徐昌豹 /	049
风入松·亚运会自行车冠军闫立恒	谢雪峰 /	050
忆少年·蹦床世界冠军穆永峰	罗兰秋 /	051
浣溪沙·全运会田径双冠刘青	余松波 /	052
卜算子·全运会男子800米跑冠军李翔宇	刘德佩 /	053
浣溪沙·乐彩悦勇夺全运会自行车赛双冠	崔大林 /	054
减字木兰花·全运会自行车团体赛双冠王基福	徐昌豹 /	055

三晋民间体育

七律·形意拳	王钰清 /	058
七律·洪洞通背缠拳	田麦久 /	059
破阵子·文水长拳	张贵敏 /	060
少年游·南少林五行拳	徐昌豹 /	061
七律·傅山拳法	谢雪峰 /	062
风入松·杨氏太极拳	罗兰秋 /	063

七律·洗髓经健身术	余松波	/ 064
七律·混元一气功	刘德佩	/ 065
喝火令·晋阳风火流星	崔大林	/ 066
清平乐·晋阳三三叉	张绰庵	/ 067
少年游·寿阳耍叉	董志霄	/ 068
七律·临汾火叉	黄向东	/ 069
少年游·盛甫鞭杆	安洪波	/ 070
七律·长治铁礼花	王钰清	/ 071
浪淘沙·忻州挠羊赛	田麦久	/ 072
七律·太谷绞活龙	张贵敏	/ 073
采桑子·永济飞狮	徐昌豹	/ 074
破阵子·翼城老虎上山	谢雪峰	/ 075
醉花阴·阳泉武术社火	罗兰秋	/ 076
浣溪沙·太原拔花花	余松波	/ 077
七律·永和打瓦游戏	刘德佩	/ 078
七律·乡宁动物棋	崔大林	/ 079
清平乐·临汾手歌	张绰庵	/ 080

三晋体育新貌

七律·喜迎二青盛会	田麦久	082
相见欢·贺二青会在山西举办	崔大林	083
七律·咏二青会	刘德佩	084
千秋岁·千年古晋迎二青	罗兰秋	085
七律·为二青会而赋	张贵敏	086
忆秦娥·寄二青会	李春艳	087
七绝·闻二青会在山西举办	朱八八	088
七律·三晋筹迎青运会	谢雪峰	089
七律·二青会畅想	李春艳	090
七绝·祝二青会成功举办	安洪波	091
七律·贺大同体校选手二青会单板滑雪平行竞速夺金	王钰清	092
七言排律·山西省备战二青会有感	余松波	093
少年游·喜见大同二青会场馆落成	王柏权	094
七律·参观大同体育中心有感	王钰清	095
七绝·大同体育场	安洪波	096
七绝·大同田径场	黄向东	097

画堂春·观右玉二青会马术赛场有感	田麦久 /	098
七绝·赠太原理工大学马术学院	安洪波 /	099
七律·三晋体育采风	崔人林 /	100
七律·三晋体育诗赞感赋	朱八八 /	101
诉衷情·三晋体育感怀	刘德佩 /	102
七绝·山西体育采风	黄向东 /	103
七律·晋地体育采风有感	谢雪峰 /	104
七绝·看文瀛公园群体活动	刘德佩 /	105
七绝·山西体育中心泰山石感赋	田麦久 /	106

三晋体育史话

清平乐·峙峪古人类遗址有寄

王钰清

残崖断土,
春色一枝吐。
谁教穷荒开有主,
曾伴文明初曙。
石镞猎马生生,
刻痕兽骨遗风。
问道如今体育,
先人此辟鸿蒙。

七绝·石球

王柏权

石球小小默无言,^①
体育文明此发端。
吾辈龙城又相会,
缘来早系万年前 。

---

①参观山西省体育博物馆,第一件展品为此地出土的石球,距今已有十万年,专家认定是现代体育的起源。

七绝·观云冈石窟体育石雕

田麦久

弓步冲拳舞九天,
搏击腾越射云环。
云冈细觅千秋史,
尽在石窟壁上观。

七律·观冠军之由来咏霍去病

李春艳

金戈铁马战敌酋，
数百骁骑漠北收。①
瀚海登临崇汉将，
狼居祭礼慑虏丘。②
英年梦断身先去，
夙愿得偿志未休。③
壮举奇功犹可鉴，
名扬后世冠军侯。

---

①冠军，现在指体育比赛中的第一名。"冠军"最初是由霍去病的封号演变而来。霍去病初次征战即率领 800 骁骑深入敌境数百里，两次功冠全军，受封冠军侯。

②公元前 119 年春，霍去病在狼居胥山（今蒙古肯特山）举行了祭天封礼，在姑衍山（今蒙古肯特山以北）举行了祭地禅礼，兵锋一直逼至瀚海（一些学者认为即今俄罗斯贝加尔湖）。

③霍去病公元前 117 年病逝，年仅 24 岁。虽然他和卫青一举打败匈奴，保障了西汉北方平安，但他的远大抱负并未完全实现。

七律·咏山西省体育博物馆

王钰清

一馆琳琅别有天,
煌煌气象蕴其间。
石球来远开生面,
奥冠流芳嵌玉函。
骑射击鞠分景列,
弈棋闹火俱时刊。
平章今古生生事,
三晋铜标在体坛。

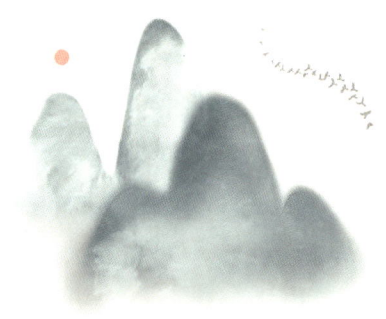

七律·参观山西省体育博物馆有感

余松波

馆列体坛千载事,
石球蹴鞠作开篇。
民间射艺荣周礼,
山右棋风盛陌阡。
鉴古开今枝果累,
承前启后绩功全。
欣闻三晋凌云志,
青史相期大有年。

浪淘沙·参观山西省体育博物馆

张贵敏

故事满楼庭。
穿越时空。
述说千载尽从容。
器玩追古惊满目,
思至无穷。

三晋育豪雄。
华夏英风。
世情物意见深衷。①
宏拓五环今又是,
再立新功。

---

①物意:景物的情态。宋·欧阳修《奉答圣俞岁日书事》:"年光向老速,物意逐时新。"

五律·山西省体育博物馆

刘德佩

馆藏何旷久,
上下五千年。
弓箭围棋子,
石球角抵砖。
官民嬉戏乐,
朝野火薪传。
文物焉需语,
无声述起源。

七律·山西省体育博物馆观感

黄向东

山西体育千年史,
中外古今文物戓。
蹴鞠石球源起早,
单车射击启先程。
修文习武皆同道,
军体强身亦守恒。
只待幽并迎盛举,
新花锦上振金声。

忆梦月·参观山西体育博物馆之抗日根据地体育

崔大林

抗日坚毅,
八路谁能替。
体育强身根据地,
家父遗留足迹。
打球跑步晨昏,
炼铸华夏国魂。
灭寇若无铁骨,
何来亮剑精神?

阮郎归·山西体育博物馆国防体育厅

刘德佩

当年训练为国防,
选材强中强。①
滑翔跳伞伴云翔,
蓝天作故乡。
枪声脆,电波扬,
"敌人"无处藏。
功成名就敛荣光,
酿陈味更香。

---

①山西国防体育开展甚好,曾有骄人辉煌。现山西省体育博物馆开设专题展厅,展出电台、收发报机、降落伞等国防体育器材,在国内尚不多见。

三晋体育英杰

谒金门·"天安门城墙"周晓兰

罗兰秋

连三冠,
兰共郎芳同赞。
鏖战几番终力挽,
晓兰门墙捍。①
豆蔻年华多难,
三晋古交磨炼。
十六方遂球场愿,
冠军争相看。

---

①周晓兰,1957生于江苏南京,13岁随父母到山西古交农村劳动,饱尝生活的艰辛。周晓兰16岁开始练排球,作为中国女排主力队员,以敢打、敢拼、敢抢的拼搏精神,三次获得世界冠军,是与孙晋芳、张蓉芳、郎平同时代的女排明星,有着"天安门城墙"的美誉,跟郎平的"铁榔头"交相辉映。

减字木兰花·蹦床王子董栋

田麦久

谁人慧眼?
聪敏小童天地远。①
潇洒高飘,
展翅鲲鹏舞九霄。②
五洲转战,
十跃眩飞夺首冠。③
奥运三巡,
铜榜更添金与银。④

---

① 董栋 1989 年 4 月 13 日出生于河南省,5 岁开始练习体操,13 岁进入山西省队练蹦床,2004 年底进入国家蹦床队。

② 董栋在蹦床项目上有极高的天赋,动作规范飘逸,技术表现稳定。

③ 蹦床比赛中,每位运动员要完成 10 个规定动作和 10 个自选动作。董栋 2007 年获蹦床世界杯系列赛网上个人冠军,世界锦标赛团体冠军成员,是中国蹦床队男子个人项目的第一位世界冠军。

④ 2008、2012、2016 年三届奥运会,董栋分别夺得铜、金、银奖牌。

七律·赞奥运会季军张卫红[①]

王钰清

解甲何曾日赋闲,
薪传爝火度流年。
情怀奥运烽烟洗,
尝领探花铜柱镌。
冷项从来人寂寞,
梧桐能引凤翩跹。
但将新梦予童子,
擎起手球一片天。

[①] 张卫红,现为山西省体校手球队教练;曾为洛杉矶、汉城奥运会中国女子手球队队员,曾获洛杉矶奥运会铜牌。

醉东风·手球勇将孙秀兰[①]

罗兰秋

手球翻转,
快速穿梭远。
鱼跃扑球飞射弹,
门破尖刀如愿。[②]
三晋女子秀兰,
拼练球技争先。
奥运出征韩日,
至今成就峰巅。

---

①孙秀兰,曾效力于太钢女子手球队;1981年入选国家青年队,担任副队长;1983年参加奥运会亚洲预选赛,连克亚洲劲旅日本队和韩国队,夺得奥运入场券。1984年,孙秀兰作为国家队队员,勇夺奥运会铜牌,这项成绩至今仍是中国手球队最好的成绩。

②孙秀兰擅长小角度鱼跃射门,射门成功率高,人称"破门尖刀"。

少年游·常永祥获奥运会男子古典式摔跤银牌

徐昌豹

京都披挂战群雄,
豪气贯长空。
十年一剑,
初征奥运,
耀彩立殊功。
一心继业传薪火,
跤场数寒冬。
绿叶新枝,
好风荡漾,
载誉谱人生。①

---

① 常永祥现为山西省古典式摔跤教练员兼运动员,多年来屡屡获得各种荣誉称号。

七律·射雕女杰方玉婷①

张贵敏

玉立婷婷向箭坪,
时闻空野响翎声。
锁眉凝目圆环靶,
伸臂拉弦反曲弓。
多少汗滴融沃土,
几番足迹踏巅峰。
中华自古出英翘,
三晋女杰有盛名。

---

①方玉婷,山西省女子射箭运动员,曾代表国家多次参加国际比赛并取得优异成绩。她与队友在伦敦奥运会女子射箭团体决赛中,仅以1分之差获得亚军。

七律·气宏智伟

谢雪峰

男儿天性羡豪英,
十五离家启远行。
鹄透全功智伟业,
襟推三晋朴淳情。①
仁川合力扛金鼎,②
津卫单枪列桂庭。③
待补伦敦遗憾事,
铜樽捧酒意难平。④

---

① 王智伟,男,1988 年 7 月出生于山西阳泉,2003 年进入体校练习射击。鹄:念 gǔ,箭靶,此代指枪靶。

② 2014 年韩国仁川亚运会男子 50 米手枪慢射团体赛中,王智伟与两队友组成的中国队获金牌。

③ 2017 年 8 月天津第十三届全运会上,王智伟获男子 50 米手枪金牌。

④ 2012 年伦敦奥运会射击比赛中,王智伟只获男子 50 米手枪季军,但却改写山西射击项目无缘奥运奖牌的历史。

菩萨蛮·全运会女子重剑冠军郝佳露①

刘德佩

女侠剑指金冠落,
山西击剑零突破。
奥冠悔擦肩,
昂头呼浩天。
龙城羞少女,
对剑独生趣。
十载历风霜,
绽梅发异香。

---

①太原姑娘郝佳露16岁开始接触击剑运动,10年后在全运会上获得女子重剑冠军,成为山西第一个击剑全国冠军。在里约奥运会上,她与队友共同奋战,以三分之差获得女子重剑团体银牌。

鹧鸪天·亚运会女子铁饼冠军高育葵[1]

刘德佩

东北妞儿到大同，
身强体壮小学生。
生活不怕苦和累，
训练常争输或赢。
欺酷暑，战严冬，
心无旁骛建奇功。
德黑兰处一声吼，
铁饼穿云百鸟惊。

---

[1] 高育葵，辽宁海城人，小学时由长春迁到大同；在运动队里是吃苦耐劳、勤学苦练的榜样；1974年第七届亚运会上获女子铁饼冠军、铅球亚军，为祖国争得荣誉。

七律·体操世界冠军杨艳丽

余松波

最忆青春靓丽时，
几番奇迹手中持。①
回环向后超群艳，②
特卡切夫效男儿。③
夺冠立功心眷眷，
修身求学志孜孜。
光阴过隙寻常度，
漫把新诗替旧词。

---

①杨艳丽，1967年出生，8岁进入山西省体操队，1980年入选国家队，在国内外一系列重大比赛中，累计获金牌15枚、银牌14枚、铜牌12枚。

②1978年，杨艳丽在高低杠比赛中完成了当时世界上少见的"向后大回环"动作，在自由体操比赛中完成了"团身后空翻两周""直体后空翻转体720度"等，填补了我国该项技术的空白。

③1981年和1982年，她在国际体操锦标赛中先后夺得自由体操和高低杠两枚金牌，并成功地完成了男子单杠的"特卡切夫腾跃"动作。

百尺楼·赞亚运会射击冠军程中平[①]

崔大林

三晋有中平,
速射怀绝技。
亚运角逐赛手枪,
戴冠新德里。

功就育新苗,
历练磨心理。
怒吼伦敦智伟强,
载誉河东喜。

---

①程中平,山西省体育局射击射箭中心主任,第九届亚运会25米标准手枪团体冠军,后转为教练员。他的弟子王智伟在伦敦奥运会上取得男子50米手枪慢射铜牌。在备战期间,程中平一声怒吼"你到底像不像个爷们"帮王智伟解决了犹豫不决、心理压力过大的问题。

采桑子·赞亚运会女子自行车冠军周素英

张绰庵

单车环绕斜坡道，①
二女争锋，
三比输赢。
电掣风驰奋力冲。

十年磨剑锋芒见，②
步步为营，
一战成名。
亚冠欢歌响汉城。③

---

①自行车争先赛是一种场地比赛，赛车场的跑道为椭圆形、盆状，由2名运动员进行三战两胜的比赛。

②周素英，1960年12月生，山西省榆次人。1977年入选山西省自行车队；1981年在全国赛车场比赛中，获1000米计时赛第一名；1982年在第10届亚洲自行车锦标赛中获1000米计时赛冠军。

③周素英1986年在韩国汉城第十届亚运会上获得自行车场地1000米争先赛冠军，这是中国运动员在世界自行车大赛上获得的第一枚奖牌。

减字木兰花·赞亚运会武术冠军原文庆

董志霄

潞州亮剑,①
追梦体坛才艺展。
刀棍长拳,
飒爽英姿折桂冠。

倾心苦练,
尚武止戈求体健。
父老争传,
表里山河武状元。②

---

①潞州为长治的别称。原庆文生于长治,曾获亚运会冠军,并多次获得棍术、长拳、刀术等全运会全能冠军。

②表里山河为山西美称,"表里山河武状元"指来自山西的武术状元。

七律·赞亚运会举重冠军郭秋香①

黄向东

十六从戎十九兴,

亚洲举重逞精英。

四年三会连苦战,

六纪七金酬远征。

累累功名无傲气,

峥峥业迹有佳评。

秋香继往披肝胆,

尽瘁传承报国情。

---

①郭秋香,女,1969年7月出生,山西孝义人;1985年16岁入选山西省举重队,1987年进入国家举重队;1988年获首届亚洲女子举重锦标赛67.5公斤级抓举、挺举和总成绩3项冠军,并破3项世界纪录;在第二届亚洲女子举重锦标赛中又重演3金3破世界纪录之壮举,在1990年北京亚运动会再夺1金;连续被评为山西省劳动模范、全国"三八红旗手",多次荣获中国举重事业贡献奖等。

浣溪沙·亚运会武术全能冠军袁新东[①]

安洪波

齐鲁男儿三晋行，
飞身亚运掌声听。
长拳刀棍属全能。

教练感情倾武术，
奖章分量比长征。
山西体育一园丁。

---

①袁新东，山东郓城人，山西大学体育系毕业，曾获亚运会长拳、棍术、刀术全能冠军，现任山西省武术运动管理中心武术队主教练，曾获2001年山西省"五一劳动奖章"及2002年山西省"新长征突击手"荣誉称号。

东风第一枝·长拳冠军袁晓超[①]

王柏权

郓邑青年，成于长治，两度亚运夺冠。

秉承大义梁山，更得叔公神算。

拳如风动，眼似电，真堪惊艳。

步赛粘，腰如蛇行，势若江河翻卷。

战赛场，万人惊叹，

上银幕，比肩觉远。[②]

天生耀眼光环，注定明星风范。

锋芒初试，饰露禅，武林新传。

辟鸿蒙，从零开篇，长拳巨星璀璨。

[①]袁晓超，1988年8月7日出生于山东郓城，是著名武术运动员袁新东的侄子。他自幼便酷爱武术，有着极高的武术天赋，10岁开始在宋江武术学校习武，后在山西省长治市体校武术队训练，曾获得2008年北京奥运会长拳表演赛金牌，2010年广州亚运会长拳冠军。

[②]袁晓超签约于华谊兄弟传媒股份有限公司，在2012年华谊功夫片巨作《太极1：从零开始》中出演男一号，被称为李连杰接班人。

采桑子·亚运会女子空手道冠军冯兰兰[①]

李春艳

兰华初绽衔铜傲，

亚锦唯一，

突破零兮，

空手赢得无差级。

花城亚运拼身手，

奋勇搏击，

斩获金兮，

榜列刷新创首居。

---

① 2007年，冯兰兰在马来西亚第八届亚洲空手道锦标赛上获得了女子无差别级铜牌。这枚铜牌是我国在本届锦标赛上获得的唯一奖牌，以及我国空手道历史上第一枚国际比赛奖牌。2010年广州第十六届亚运会，冯兰兰在女子68公斤级比赛中，战胜日本选手木间绘美子，勇夺金牌。这是我国亚运代表团的第184枚金牌，刷新了单届亚运会一个国家获得冠军数的纪录。

玉楼春·记亚运会游泳冠军曹钥

朱八八

方寸泳池争分秒,
水上流痕衣上杳。
身姿犹似美人鱼,
芳韵生涯昏与晓。

一路前程珠玉姣,
出水芙蓉终可道。
夺金亚运焕容华,
许向青春言美好。

浪淘沙·乒乓球世界冠军武杨

田麦久

纤柳百姿葳,
蝶舞莺飞。①
右削左旋固营围。
织就天罗接地网,
何惧惊雷?②

汾水育英晖,
晋女芳菲。
乒台飒爽振国威。
转战五洲南北地,
又捧金杯。③

---

① 武杨体态轻巧,打球姿态优美。
② 武杨是现阶段我国女子乒乓球头号削球手。
③ 武杨国际大赛战绩显赫,曾获世界杯冠军、亚运会冠军。

江城子·射击世界冠军赵若竹①

王钰清

邻家有女自娉婷。

黛眉轻,眼波明。

玉立鹄前,瞄处气神凝。

数年功夫决一瞬,

枪起落,傲魁英。

少年千岛记勋铭。②

踏回程,尽归零。

不换红装,兵厉更磨砻。

但等片闲寻问取,

和笑道,看东瀛。③

---

①赵若竹,山西省射击队队员,韩国世界杯、天津全运会、雅加达亚运会女子10米气步枪冠军。

②千岛,指印度尼西亚。印度尼西亚被誉为"千岛之国"。

③东瀛,指日本。此处指2020年东京奥运会。

鹊桥仙·亚运会女子双人划艇冠军马亚男[①]

徐昌豹

轻舟飞逝,
双姝惊艳。
湖上硝烟漫漫。
小丫荡桨舞雄风,
碧水溅、争荣夺冠。

娇娇晋女,
勃勃英气,
逐梦五环心盼。
桃花蕾绽尽开颜,
寄厚望、东京展现。[②]

[①] 在第 18 届亚运会上,马亚男与山东姑娘孙梦雅组合勇夺双人划艇 500 米冠军。

[②] 2016 年马亚男调入国家队,在国内和世界各级皮划艇比赛中屡创佳绩。现在,正在积极备战 2020 年东京奥运会。

七律·全运会摩托艇冠军卜过祥

谢雪峰

耄耋回眸忆此生,
华年走艇碧波庭。①
祥云十里三千丈,②
好梦九州多少星!
奇迹相依汗雨洒,
佳音总合电机鸣。
桂冠归晋顺天道,
甲子一轮家国情。③

---

① 卜过祥,男,1940年生,曾是优秀摩托艇运动员,退休前为长治市体委主任。

② 卜过祥当年主要从事水上摩托5公里竞速和10公里竞速两个项目。

③ 1959年,卜过祥19岁时参加第一届全运会水上摩托比赛,获5公里250mm纪录赛和10公里250mm记录赛两项冠军,是山西省首位全运会冠军。

七律·铁骑娇女柳丽春[①]

张贵敏

三十寒暑伴芳容，
汗浸戎衣耳啸风。
驱驾铁骑征世界，
题名金榜立先功。
执心乐育多徒弟，
兢业教习几世雄。
炫耀五环皆盛赞，
晋中娇女俱光荣。

①柳丽春，山西省榆次人，著名女子自行车运动员、教练员。20世纪50年代她曾15次代表国家参加国际比赛，足迹遍及十个国家，是我国第一个在国际赛场上拿到冠军的选手。她担任教练期间，所培养的运动员在国内国际大赛中屡建奇功。

浣溪沙·全运会自行车双金三连冠运动员宁艳华

余松波

曾为山西夺桂冠，
两轮飞动意方酣。
三加五届执先鞭。①

海上求才飞信札，
崇明任教奉心泉。
累累新果慰艰难。②

---

①宁艳华，女，第三届全运会获女子 200 米行进出发、1000 米计时赛两金，第五届全运会获女子 1 公里计时赛、1 公里争先赛两金。

②年轻时，武文泽和宁艳华夫妇曾是场地自行车全国冠军。退役后，武文泽担任山西省队教练，宁艳华为当地体育局普通工作人员。2002 年，两人接到时任上海市体育局领导的邀请信，赴崇明担任自行车运动教练，克服重重困难，培养出许多优秀的自行车运动员。

七律·记全运会射箭冠军王友群[①]

崔大林

汾水英豪王友群,
张弓射箭卌光阴。
四轮全运连多冠,
七届教头建伟勋。
论箭龙山精技艺,[②]
鏖兵沽上斗身心。[③]
夫妻携手双姝捧,
包揽金银壮晋军。

---

①王友群是山西省著名的射箭运动员、教练员,参加过四届全运会,并同队友一起获12个全国冠军;后做教练员,参加过7届全运会,带领队员获几十个全国冠军,并多次打破全国纪录。在天津全运会上,他同爱人范爱丽培养的两名运动员,包揽女子个人赛冠亚军,夫妻同登领奖台。

②"龙山论箭""箭王争霸赛"是山西省射箭协会组织的青少年和社会大众的射箭活动。

③沽上是天津的别称。

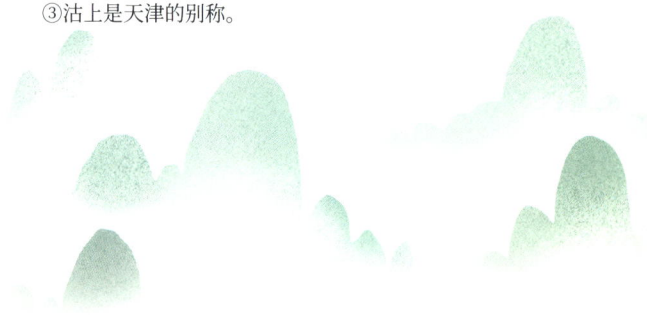

七律·赠中国自行车协会副主席吴增仁①

安洪波

五台山下雏凤鸣，
飞车中国冠群英。
擎刀武圣过六将，
驭马穆王望一程。
代表中华曾问鼎，
领衔女队亦争荣。
时光轮转青年老，
百战归来再点兵。

---

①吴增仁，山西省定襄县人，著名自行车运动员，国际公路自行车赛冠军获得者，公路自行车赛多项全国冠军，曾任山西省公路自行车女队的主教练；1978年，被推选为中国自行车协会副主席。

采桑子·赞全运会武术冠军王冬莲

张绰庵

武林侠女功夫硬,
屡建奇功,
屡获殊荣。
全运场上五冠雄。[①]

刀枪棍棒皆称好,
文武兼通,
德艺双精。
身教言传育众英。[②]

[①] 王冬莲,女,1962年12月生,武术七段,高级教练;1974年6月进入山西省武术队,第四届全运会获5金1银1铜,成为该届全运会荣获奖牌最多的运动员;曾获得全国多项武术比赛冠军及全能冠军12次,亚军9次,季军11次。

[②] 王冬莲1985年10月任山西省体工队武术队教练员,2000年4月任山西省武术运动管理中心教练员,曾被授予"新长征突击手"荣誉称号;山西省第五届政协委员,太原市第七届人大代表,山西省青联委员。

七律·赞全运会自行车团体冠军刘学忠

董志霄

冀州水美育青龙,^①
漫漫征途任前行。
十载执著磨利剑,
两轮潇洒舞清风。
同心奋斗风流竞,
协力拼搏分秒争。^②
莫道称王时运好,
勇者无敌破坚冰。

---

①冀州:夏商时代,传说天下分为九州,按地域区划,河南孟州属冀州。刘学忠生于河南孟州。

②刘学忠曾获第四、五届全运会自行车男子100公里团体冠军。

浣溪沙·赞全运会自行车团体赛冠军刘俊[1]

黄向东

车路遥遥山几重，
蜿蜒苦旅又一程。
青春奉献勇前行。

结队竞逐三桂冕，
领军全运首勋功。
飞轮追梦写人生。

---

[1]刘俊，男，1960年3月出生，山西太原人；在1983年第五届全运会上夺取自行车100公里团体、180公里团体、场地4公里团体追逐赛3枚金牌，荣立山西省政府一等功。

诉衷情·全运会自行车双金段桂平[①]

王柏权

男儿伟岸驭东风,
赛道任车行。
你追我赶逐梦,
如飞似雄鹰。

摘桂冠,保威名,誉龙城。
双金闪耀,
三晋欢悦,
快慰平生。[②]

---

①段桂平,1985年全运会自行车男子4000米个人追逐赛冠军,全国纪录保持者,全运会双金获得者。

②下半阕嵌入桂平名字,"快慰平生",一语双关。

菩萨蛮·全运会女子自行车双冠军胡秀芳

李春艳

飞来蜀秀逐魁首，
青轮滚滚谁甘后？
五运首夺金，
流芳在沪申。①

争先不怠慢，
千米又得冠。②
晋体谱新篇，
至今传美谈。

---

①胡秀芳，四川人，1978年12月进入山西省自行车队，1983年在上海第五届全运会自行车女子70公里个人、1000米争先赛中均获冠军。飞来：指自行车比赛速度之快；蜀秀：比喻其为蜀中之秀，同时也嵌入其本人名字中"秀"字。首夺金：指夺得其本人五运会第一块金牌；流芳：指芳名流传，同时也嵌入其本人名字中"芳"字。

②争先：指不甘人后奋力追赶，同时也指1000米争先赛。

玉楼春·记全运会摔跤冠军张泽田[①]

朱八八

技卷跤坛勤苦练,
三届蝉联全运冠。
抱摔撑力喝声传,
英勇盛名欣得见。

天赋雄姿诚可荐,
人世风华殊未半。
生涯题写几清欢,
笑看流光今暗换。

---

①张泽田,1970年生,定襄县大南邢村人,现任山西省体育局球类管理中心副主任,摔跤运动员,蝉联三届全运冠军。

七律·三届全运会摔跤冠军韩玉伟

田麦久

自古河东多猛士，
忻州跤手志行云。
娴纾汾水生坚韧，
峰壑太行育战神。①
几度重挫临火线，
三番金鼎展雄心。②
只言灵慧多精干，
却见搏击力万钧。③

①韩玉伟出生于人称摔跤之乡的忻州。
②韩玉伟曾多次重伤，均坚持训练参赛，连获第七、八、九届全运会冠军。
③韩玉伟体重仅52千克—54千克，但力量超群。

清平乐·赞三届全运会体操冠军陈锋[①]

王钰清

鞍桥飞鹞,
出道勋名早。
问鼎三番锋未老,
全运豪强尽扫。

星垂表里河山,
怎负辉光灿然。
但领新军一哨,
着鞭再指楼兰。

[①] 陈锋,现山西省体操队教练员,曾三次获全运会体操比赛鞍马冠军。

七律·赞三届全运会摔跤冠军梁磊 [1]

张贵敏

威肃跤台亮巨身，
双睛炯炯势逼人。
三登全运夺魁首，
屡束征袍记策勋。
昔日苦辛思远志，
今番热血报国恩。
拼风搏雨终圆梦，
取誉垂名耀古忻。[2]

---

[1] 梁磊，山西省忻州市人，身高 2.01 米，著名摔跤运动员；曾蝉联三届全运会男子自由式摔跤冠军，多次代表国家参加国际比赛并取得好成绩。

[2] 忻：山西忻州市简称，梁磊家乡。

采桑子·全运会场地自行车双项冠军高志国

徐昌豹

一骑脚踏尘烟起,

智勇争锋,

尽显神通,

哪吒风行夺冠荣。①

沧桑谱写飞轮韵,

岁月峥嵘,

桃李春风,

满目葱茏映彩虹。②

---

①场地自行车争先赛,运动员在场地上骑行3圈,比赛时运动员从起点同时出发,裁判员根据运动员到达终点先后决定比赛胜负;竞速赛,每队3名运动员,比赛时两队从场地追逐线的相反方向同时出发,骑行3圈,每名运动员领骑1圈,以第3名运动员到达终点的成绩决定比赛胜负。两种比赛都有各自的战术。高志国在第九届全运会的比赛中分别获得这两个项目的冠军。

②高志国现任山西省自行车队教练,并多次获得多项荣誉称号。

风入松·亚运会自行车冠军闫立恒

谢雪峰

男儿十八出邢州。
欲上高楼。
并州相许飞车路,
逢造化、南国金秋。
全运虎龙争斗,
盆场绩志相酬。^①

凯林竞速两头筹。
无满无休。
左云右玉风雷地,
亚高原、正起宏谋。
雄帅强兵大略,
立恒致远洪流。^②

---

① 闫立恒,男,1982年8月生,河北邢台人;2001年5月进入山西省体育中心,成为自行车运动员,当年即代表山西出战在广州举行的第九届全运会。盆场:**盆形场地简称,此处特指场地自行车赛场。**

② 凯林:指场地自行车凯林赛;竞速:**此指场地自行车奥林匹克竞速赛;闫立恒获第九届亚运会这两项冠军。左云右玉:指山西左云县、右玉县,古为边塞卫所,现是山西自行车运动的重要基地。闫立恒现任山西省队教练员。**

忆少年·蹦床世界冠军穆永峰[①]

罗兰秋

年时操健,

年时蹦跳,

年时荣冠。

时逢九运赛,

秀空翻齐赞。

念过眼光阴难再唤。

又南征,尽心陪伴。

殷勤助年少,

莫过当教练。

---

①穆永峰,1983年9月生,辽宁辽阳人;1992年至1998年进入山西省体工队,成为体操运动员,1998年10月改练蹦床项目。第九届全运会上,蹦床首次被列入正式比赛项目,穆永峰获蹦床个人冠军,后荣获第十届全运会蹦床团体冠军、第二十四届世界蹦床锦标赛团体冠军。

2006年,穆永峰任山西省体操运动管理中心蹦床队教练员;后在广东蹦技中心做教练,培养了2014年蹦床世界冠军何宇翔。

浣溪沙·全运会田径双冠刘青[①]

余松波

磨剑十年锐不当，
一朝初试露锋芒。
双金喜佩耀新装。

荣誉累加孚众望，
丹心依旧抱平常。
梦遥道远任翱翔。

[①]刘青，女，1985年11月生，山东薛城人，国际级运动健将，山西省田径运动管理中心教练；2005年夺得第十届全运会800米和1500米2枚金牌，2006年获国际田联大奖赛800米第四名。

卜算子·全运会男子 800 米跑冠军李翔宇

刘德佩

跑道逐头筹,
翔宇能强取。
面对群雄霸气扬,
弯道追超去。

苦练何畏难,
求索拼全力。
不负清华约翰班,
不负家乡意。

浣溪沙·乐彩悦勇夺全运会自行车赛双冠[1]

崔大林

全运盛情聚众英,
八方车手赛津城。
伊人彩悦欲乘风。

前日追逐摘桂冠,
今朝记表站顶峰。
风驰电掣誉河东。

---

[1] 山西自行车运动员乐彩悦获得第十三届全运会女子场地团体追逐赛和公路个人计时赛双料冠军。

减字木兰花·全运会自行车团体赛双冠王基福

徐昌豹

车骑漫道,
呼啸掠风英气浩。
歌谱春秋,
骁勇披红名迹留。

飞轮流韵,
心系车魂当重任。[①]
百里征程,
开创新篇欣向荣。

[①] 王基福现任山西省自行车击剑运动管理中心主任,曾任山西省自行车队教练。

体育

三晋民间体育

七律·形意拳 ①

王钰清

拳如流水象无痕,
心意功夫凝不纷。
吐纳桩功三体式,
劈崩技法五行魂。
全凭导引蓄刚健,
好用屈伸抱朴纯。
蒲阪传家得古法,
内修外化壮形神。

---

①形意拳,亦称心意拳,相传明清之际为山西蒲州人氏姬际可所创,流行于晋、冀、豫、皖等地区。基本功法以三体式站桩功、五行拳法(劈、崩、钻、炮、横)为主,形成各种攻防套路,有御敌怯病、防身健身之用。

七律·洪洞通背缠拳

田麦久

健体防身百变拳,
洪洞古晋代相传。①
刚柔并济存精气,
内外兼达蕴晓岚。
四面攻防随心驭,
八方通衢绕身缠。②
势发虎背千钧力,③
武苑明珠映九原。

---

①洪洞县(洞读 tóng)位于山西省汾河畔,春秋时期置杨氏县,隋开皇三年(583)属晋州,义宁元年(617)改洪洞县。

②缠拳:含顺缠、逆缠、顺绕、逆绕,得手而缠,随手而绕,以缠绕求进求化,以小力胜大力,求四两破千斤之法。

③虎背:力从背发,遍身通达。

破阵子·文水长拳[①]

张贵敏

脚起脚飞地抖,
拳来拳去风生。
同载刚柔藏霸气,
相济虚实挟厉声。
地天任纵横。
面掌双勾弹腿,
左家三特传承。[②]
文水长拳福广众,
民间武术载汗青。
左家享盛名。

---

①文水长拳,又称"左家拳",是北方拳种的一种,发源于山西省文水县,迄今为止已传承七代,有近二百年的历史。

②文水长拳中"面掌""双勾"和"弹腿"被称为"三特"。

少年游·南少林五行拳

徐昌豹

五行拳酷妙无穷,
源起晋乡宗。①
至神至力,
至精至气,②
武艺震高穹。

刚柔相济形如兽,
拳蕴少林功。③
步稳身轻,
云腾雷逝,
动幻万千中。

---

①南少林五行拳始行于福建少林寺,清光绪年间由山西太谷县人董俊(字秀升)传入山西太原一带,历经二百多年几代人的沿袭和传承,形成现在的"南少林五行拳"。

②五行拳,象形龙、虎、豹、蛇、鹤,拳法中蕴含龙之神、虎之骨、豹之力、蛇之气、鹤之精。

③五行拳是以禽兽为形,以少林拳法为宗。

七律·傅山拳法

谢雪峰

锦舞浑融三百年,
生机搏艺傅山拳。①
龙游凤矗地天动,
气荡神驰今古牵。
子午一双归太极,
式招八十落谁边?②
云舒乙丑梅花寄,
灵石蔡家赓断弦。③

---

① 傅山拳法系山西籍名人傅山所创,主要融合八段锦与紫微八卦舞之精华,兼具养生与搏击功用;最早流传于山西灵石一带,至今有三百余年的历史。

② 傅山拳法即"子午太极拳",套路八十一式;清末至20世纪80年代初,此拳法几近湮灭。子午:指正南和正北,也指夜半和正午。

③ 1985年有关部门在挖掘整理武术资料过程中,收到灵石县蔡承烈先生献出的光绪六年《傅拳图》手绘本,从而使这一古拳法重见光明。

风入松·杨氏太极拳[①]

罗兰秋

领虚顶劲意柔刚,
虚实静中藏。
弯弓射虎七星步,
撵猴倒,探马提防。
白鹤金鸡独立,
转身十字呈祥。[②]
形神意气运无疆,
悠逸道中央。
缠头过脑刀劈剑,
立身圆,瑞雪花枪。
四两千斤拳术,
太极法易弘扬。

[①] 杨式太极拳要求习练者虚领顶劲,用意不用力,动中求静,外柔内刚,绵里藏针,暗中发劲,藏而不露,引进落空,以柔克刚,四两拨千斤等等。杨氏太极拳平正朴实,练法简易,自创始以来180余年代代相传,深受广大群众热爱,传播得最为广泛。

[②] 弯弓射虎、七星步、白鹤亮翅、金鸡独立、倒撵猴、高探马、转身摆莲、十字手、缠头刀、过脑刀、挂剑贴身走立圆、瑞雪梨花枪等等皆为太极动作。

七律·洗髓经健身术[①]

余松波

易筋洗髓达摩传,
演练周身气血安。
绕脊屈伸通二脉,
循经开合壮三官。
拨云见日精神爽,
涤虑清心意念宽。
应谢布家三杰士,[②]
倾情承继不辞难。

[①] 洗髓经健身术主要流传于太原市、晋中市一带。洗髓经是我国古老的传统健身法,相传为达摩所创,距今已有1500多年的历史。

[②] 19世纪末,形意拳大师、中国武术协会委员布学宽先生(山西人)开始整理发掘洗髓经,并与形意拳中的内脏修炼法相结合,形成外动内养、内外结合的独特内功修炼方法。后其子华轩、孙援强两代接力研习,博采众长,加以充实,使其完善。

七律·混元一气功①

刘德佩

硬气功中历练深,
嵩山坳里可寻根。
内凝天地精华气,
外造金刚不坏身。
冷眼打击能入定,
竖眉制暴必惊心。
形神气技须同步,
岂可徒劳肉骨筋。

---

①混元一气功乃嵩山少林寺秘传硬气功,为清末拳师王新年所创。该气功主要是锻炼人体抗击打的耐受力和攻击对方的能力,讲究精、气、神、形、技同时修炼,流传于山西晋中部分地区。

喝火令·晋阳风火流星[1]

崔大林

两手持绳舞,
端倪系铁笼。
晋阳风尚火流星。
燃起炭精崩响,
鼓乐奏齐鸣。
坐地十八滚,
人随烈焰行。
溢光流彩舞飞龙。
喜庆元宵,
喜庆闹龙城。[2]
喜庆碎花飞溅,
怒放夜空明。

①火流星,是山西古晋阳元宵节期间的民间社火中融杂技与武术精髓为一体的传统表演艺术,表演时在绳子两头装上燃烧的木炭,在手中舞动。

②龙城是古晋阳的别称。

清平乐·晋阳三三叉

张绰庵

银光闪耀,
叉舞随身绕。
翻手抛接云顶啸,
观者齐声叫好!
军屯娱乐兵操,
激情酣畅逍遥。
今日欢歌笑语,
千家万户福到。

少年游·寿阳耍叉

董志霄

寿阳代代武林功,
赤背辟妖凶。①
敬天祈雨,
免灾消难,
奇艺耀皇庭。②
铁叉翻滚如龙舞,
环响震天穹。③
海底捞鱼,
凤凰展翅,④
惊险壮豪情。

---

①寿阳耍叉是在武术活动中诞生的一种民间杂技表演形式。表演者十至五十人,赤背赤膊表演。有两个功能:一是祈雨敬天,二是驱鬼辟邪。

②寿阳耍叉曾应邀进皇宫为慈禧表演。

③耍叉表演时,铁叉上下翻飞,时而离体翻腾空中。铁叉的铁环也不时发出阵阵响声,高超惊险。

④寿阳耍叉古代有50多种表演套路,现在已知的有30多种,"海底捞鱼""凤凰展翅"是其中的两种。

七律·临汾火叉

黄向东

晓史乡间社火昌,
铁叉飞起满庭芳。①
盘旋大小风雷疾,
花挽单双雨雪狂。
穿跨三间彩练舞,
掷空二丈绣球翔。
敲锣打鼓人欢笑,
力壮身强武艺彰。

---

① "火叉"是晋中乡村的社火活动之一,有大小"盘旋"、单双手"挽花"、掷空二丈和"穿跨"等动作,并与锣鼓钹声相伴,彰显晋中人身强体壮和高超技艺。

少年游·盛甫鞭杆[①]

安洪波

忽如巨斧切青春,
立志早凌云。
花开八面,电冲一点,
截面有年轮。
又将五尺交百姓,
出入总随身。
弯腰不愿,削尖不肯,
无刃亦成仁。

[①]鞭杆是山西特色武术项目,用木制短棍,即"五尺棍",讲究"米字"打法,擅长戳法。

七律·长治铁礼花[①]

王钰清

舀自洪炉趁未凝,
赤膊激溅满天星。
迎头火树飞红雪,
满眼流苏挂紫琼。
风送铁香知有意,
律回春暖赖生成。
且听梆鼓声高亢,
好与砧花共太平。

[①]打铁花,亦称打礼花,为具有冶铁造器传统的山西上党一带民间盛行的社火活动。通常是将熔炼之铁水舀出,趁未凝之际抛向夜空,借枯树繁枝或其他器物击溅,造成火星四射、璀璨夺目的壮丽景观,以表达对生活的喜悦和企盼之情。其间有歌舞表演,高亢激越的上党梆子也不会缺场。

浪淘沙·忻州挠羊赛

田麦久

盘场两相争,
健体强兵。
跤乡美誉赞忻城。①
伟健赤膊决斗士,
谁是英雄?
独闯六关营,
捷报声声。
肥羊大奖喜高擎。②
黍满麦丰歌舞庆,
鼓乐喧腾。

---

①挠羊赛是山西省忻州市一带每年丰收季节举办的摔跤比赛,1960年在全国文教群英大会上,忻州(当时称忻定县)获得"摔跤之乡"的称誉。

②挠羊赛运动员参加淘汰赛,连胜6轮即为冠军,获奖白羊一只。

七律·太谷绞活龙①

张贵敏

元夕社火列华灯,
紫气清光明夜空。
街巷喧喧张鼓乐,
高棚默默索连绳。
游鳞飞舞千百态,②
巧匠练达几代功。
远路传流增创意,③
惊绝太谷绞活龙。

---

①绞活龙是山西太谷每年正月十五社火重要的活动形式。活动现场的两侧搭建高棚,上边用数根绳索连起两条长龙,人们借绳索的绞动使龙身做出翻转等各种动作。

②游鳞即龙。《文选·潘尼〈赠侍御史王元贶〉诗》:"游鳞萃灵沼,抚翼希天阶。"李善注:"游鳞,龙也。"

③据传,太谷绞活龙是当地在广东经商的人带到太谷并经改进的活动。

采桑子·永济飞狮

徐昌豹

行狮走索凌空舞,[①]
飞若翩翩。
轻滚扑翻,
演艺绝伦功不凡。
民间社火人喧闹,[②]
擂鼓狂欢。
狮吼惊天,
永济奇葩俗世传。[③]

---

①空中飞狮是在高于地面的平台和木桩上进行狮舞表演,包括永济地区的南湖舞狮和土乐高杆狮虎表演。永济空中飞狮是在高12米、直径30厘米、间距8米的两根木柱上架两根平行的间距60厘米的高空绳索,在绳索上进行狮舞表演。

②民间社火是民间的一种祭祀活动,用来避灾、镇邪、祈福和招祥。

③飞狮表演是永济地区民间社火活动中的一种舞狮表演。

破阵子·翼城老虎上山

谢雪峰

角扮於菟亲子,
舞昭冯妇樵夫。①
平野险山人兽斗,
血性豪情德艺书。
形神招式孚。②
不似春秋浓淡,
无随物事荣枯!
重义勇为滋习俗,
驭虎长歌砺志图。
翼城水土殊。③

---

① 此项目由杂耍"虎舞"发展而来,角色包括公虎、母虎及其俩仔,壮士、樵夫各一。於菟:老虎别称。冯妇:此泛喻勇敢者、打虎人,典出《孟子·尽心下》:"晋人有冯妇者,善搏虎,卒为善士。"

② 此项目场景包括樵夫遇虎、壮士搭救、人虎打斗、引虎上山、人虎周旋、亲子虎戏等等。

③ 此项目形成于明末,兴盛于清代和民国年间;近年得到山西省、临汾市、翼城县等各级重视,有了较好传承乃至创新。

醉花阴·阳泉武术社火[1]

罗兰秋

赶庙年节红火闹,

铜锤钩鞭较。

八卦长拳枪,

对棍单刀,

比武双双佼。

锣声鼓点知多少,

步伐夸张妙。

武社火狂欢,

祈福祺祥,

传世齐称好!

---

[1]武术社火又名武社火,为盂县南娄镇西小坪村独有的民间竞技表演形式。武术社火借鉴武术套路和戏曲武打两者的精髓,将武术的套路、动作、步伐等要素加以夸张,随着锣鼓的节奏进行表演,是武术社火中的典型代表。表演的器械有刀、枪、棍、戟、三节鞭、铜锤、虎头钩等。

浣溪沙·太原拔花花①

余松波

两杠高低立村间，
上插花花下绳穿，
攀绳翻杠拔花还。
拼力但求多快好，
比灵务去怯繁缠，
拔花之乐乐无边。

---

①拔花花是一项流行于太原尖草坪区和阳曲县农村比体力、比技巧的传统体育竞技项目，每年农历正月十五至二月二之间，在村口、十字路口等乡村中心位置举办。活动时搭起高七八米的木架，在中间横木下固定的滑轮上穿一条麻绳，在横木上方约两米高位置再固定一根横木，插各种绢花。游戏时，活动者要由地面拉住麻绳爬上中间的横木，把身体翻上去，站起来，任意拔下一枝鲜花，再由横木上翻下来回到地面。

七律·永和打瓦游戏[①]

刘德佩

民间野戏欲何期?
意在平凡显第一。
稳腕掷出光电闪,
凝眸望去脆雷击。
天南地北多花样,
谋准求精少置疑
败瓦残砖皆腐朽,
玩家手里变神奇。

[①] 打瓦是一项简单而古老的体育游戏。多人在一起用废砖瓦片或残犁铧片作投掷物,现场约定目标物和投掷距离后,即可开始游戏。能最先(多)击中目标物者或将目标物击出圈外者为胜者。尽管各地打瓦规则不同,但追求增大投掷距离和精准打中目标物这两点都是一致的。

七律·乡宁动物棋

崔大林

对弈乡宁动物棋,
　流传古老入非遗。①
象狮虎豹相争斗,
攻守腾挪互制宜。
出师盘格防陷阱,
　入敌兽穴可赢棋。②
戏之童叟全民乐,
健脑娱心共醉迷。

---

①乡宁动物棋是上古时期古人发明的一种游戏,流传于今天的山西省临汾市乡宁县,2009 年列入山西省非物质文化遗产。

②乡宁动物棋棋盘为长方形,横九竖七,共 63 格,其中有陷阱。各种动物按规则行走、互吃,任何棋子进入敌方兽穴即为胜。

清平乐·临汾手歌

张绰庵

秋高气爽,
布谷欢声唱。
寒柳梢头抬眼望,
唯见枯枝摇荡。
再听钟鼓激昂,
又闻琴瑟悠扬。
梦醒方知原委,
全凭口手帮忙。

三晋体育新貌

七律·喜迎二青盛会

田麦久

佛影飞檐漾古风,
迎宾三晋焕新容。
一波汾水润姣美,
千里太行铸健雄。
逐鹿兵来寻少俊,
育英军演聚龙城。
喜迎南北东西客,
插翼并州阔步行。

相见欢·贺二青会在山西举办

崔大林

健儿荟萃并州,
共欢讴。
舞动二青旋律竞风流。

筑童梦,
未来盛,
你真牛!
拭目含苞花蕾绽枝头。

七律·咏二青会

刘德佩

二青六万客来时,
赴会将忧策马迟。
十地虚席逐麂鹿,
三军拭目看旌旗。
晋祠古韵云冈像,
汾水新词太行诗。
体育更添文化翼,
山河表里绽雄姿。

千秋岁·千年古晋迎二青

罗兰秋

龙城秋晓,迎客花开早。

一年景,今番好。

观河山表里,

言语多流调。

谁共赏,

五千年地奇瑰宝。①

晋鸟尊铜造,汾酒盛情犒。

香缭绕,禅心照。

尽情消块垒,

栲栳人间少。②

拼搏会,

飞红万点青青鸟。③

---

①山西有"表里山河"之称,十里不同语。太原又叫"龙城"。流行的说法有:地下三千年看陕西,地上五千年看山西。

②西周时期的晋侯鸟尊是山西省博物馆的镇馆之宝。山西的五台山是中国佛教四大名山之一,世界五大佛教圣地之一。山西有东汉和明代的长城。"栲栳"和"块垒"是山西莜麦做的知名面食。

③二青会主题口号:"青春的约会,拼搏的舞台。"吉祥物"青青"的原型是褐马鸡,为山西省省鸟。

七律·为二青会而赋

张贵敏

逐鹿龙城鼓角鸣,
韶华兵甲请长缨。
火传四海出三晋,
旗卷五环唤二青。
赛场扬镳锤锐将,
操兵论剑育新星。
奋身更励强国志,
喜看朝阳冉冉升。

忆秦娥·寄二青会

李春艳

山河美,

太行山下汾河水。

汾河水,

载承尧舜,始开奇伟。①

龙兴之地今腾沸,

体坛盛事群英会。

群英会,

激扬赛场,赶超前辈。

---

①传说中尧又称陶唐氏,发祥地在今山西汾河流域的运城和临汾(古称河东地区)。现在山西临汾市南的伊村有"帝尧茅茨土阶"碑,尧庙村有尧庙,临汾有尧陵、神居洞。舜又称有虞氏,出生在姚墟,活动中心在现在山西的西南部,今天山西运城市安邑镇还有舜帝庙、舜帝陵。

七绝·闻二青会在山西举办

朱八八

已赋东风占并州,
龙城近事待相讴。
闻传海内多豪俊,
赢得青春第一筹。

七律·三晋筹迎青运会

谢雪峰

经年忘却苦和累,
此地来传火与薪。
拼搏舞台三十座,
青春约会几多人!①
相期新苑长天碧,
倍觉欢歌黄土亲。②
表里山河一律动,
神州无处不联吟。③

---

① 第二届全国青年运动会将于 2019 年 8—9 月在山西省举行,设大项及分项共 30 个,参赛运动员 4 万人以上。大赛主题口号为"青春的约会,拼搏的舞台"。

② 新苑:"青运村"及其他有关设施。欢歌:第二届全国青年运动会会歌及其他有关歌曲。

③ 第二届全国青年运动会会徽名《山河》,上部为几组五彩律动线条,为河流和山脉的抽象,寓意"表里山河";下有"山西"的汉语拼音和"2019"字样。

七律·二青会畅想

李春艳

龙城自古蕴嘉祥,
代代英豪起北方。
古塞苍茫尘去远,
黄河浩荡水流长。
欣逢晋地筹相聚,
更盼金秋现栋梁。
待到青春逐梦日,
新星冉冉沐朝阳。

七绝·祝二青会成功举办

安洪波

诗承盛会作来宾,
表里山河三晋春。
一起复兴中国梦,
还看年少体坛人。

七律·贺大同体校选手二青会单板滑雪平行竞速夺金

王钰清

云中儿女起琼寒,
豪气蛰于玄九天。
纵板驱驰飞霰骤,
巧身回转冻旗翻。
羞为看客赧东道,
敢在家门锁桂冠。
欣望雪坛西扩处,
新星首缀晋河山。

七言排律·山西省备战二青会有感

余松波

喜迎青运初登晋,
便看新闻页页鲜。
黄土高原腾气象,
九州圣火耀山川。
修馆铺路施工早,
秣马厉兵备战全。
漫道各行咸助力,
尤闻全省总动员。
纷纷翘首期圆满,
表里山河别样天。

少年游·喜见大同二青会场馆落成

王柏权

戍角边塞铁关雄,
大漠舞罡风。
神工鬼斧,奇绝突兀,
天外现奇峰。①

旌旗漫卷风雷动,
只待起三声。②
霍家少年,英雄血脉,③
逐梦古今同。

---

①大同二青会场馆,外形独特,类似科幻中的外星建筑。
②三声,古代军中用以传令的金鼓、笳、铎之声。
③霍去病十七岁时被汉武帝任命为骠姚校尉,年少成名。借此比喻二青会运动员。

七律·参观大同体育中心有感[①]

王钰清

群英际会演云州,
校场新成举大猷。
满目流光蒸蜃气,
着人惊喜叹银瓯。
果然手笔寻常异,
到底匠心独具优。
漠漠黄沙张海贝,
好迎塞上竞帆稠。

---

①大同,古称云州。为迎接二青会大同新建体育中心建筑群,以银灰为主色调,主体育场由52块贝壳状体构成外立面。

七绝·大同体育场

安洪波

凤凰城外约秋天,
新殖南山白玉盘。
五十二只青贝拱,
明珠曜曜万人看。

七绝·大同田径场

黄向东

贝壳含珠意象新,
城墙落座色缤纷。①
道平地阔任飞鸟,
青运群星尽放勋。

---

①大同田径场为贝壳外形,其城墙式看台可容 3 万观众,是一个既合标准又具特色的大型田径运动场地。

画堂春·观右玉二青会马术赛场有感

田麦久

乌骓汗血骏中王,
如雕如画神扬。
飞鬃踏燕入云翔,
天马荣光。
只待秋风送爽,
迎来骑手八方。
青春骁勇好儿郎,
谁佩金镶?

七绝·赠太原理工大学马术学院

安洪波

昂扬最是玉精神，
千百咴咴壮铁军。①
青草此时来种下，②
玉龙何日可腾云？③

---

①太原理工大学马术学院马场有纯种汗血宝马，通体如黑玉。

②"种草"除"建设马场草坪，形容育苗"的含义外，还是个网络流行语，指热爱某项事物而期待有所成果。

③龙形容骏马，也指在玉龙集团的襄助下马术学院的事业将腾飞。

七律·三晋体育采风

崔大林

一路驱车走晋川,
采风寻觅健身源。
五台山寺习拳者,
云冈石窟射箭仙。
右玉骅驹来竞速,
左云车手去争先。
神州雄起唐尧地,
国泰族强百姓欢。

七律·三晋体育诗赞感赋

朱八八

表里河山信有之,
龙兴祖地念于兹。
霸城莽莽逢春看,
花气重重拂柳知。
胡骑汉风撑铁骨,
云帆沧海颂清时。
文昌才得方传耳,
体苑雄谈又赋诗。

诉衷情·三晋体育感怀

刘德佩

当年体育热军营,
笑语伴杀声。
龙争虎斗球友,
联袂斩倭兵。①

吟旧岁,赋新程,沐春风。
今朝三晋,
体育前行,普惠民生。

---

①当年驻扎于山西的八路军一二〇师在贺老总的领导下,体育工作空前发展,堪称体育生成战斗力的全军典范,对地方体育也起到了明显的推动作用。

七绝·山西体育采风

黄向东

体育采风三晋寻,
观今考古识人文。
山河壮丽健身乐,
表里芬芳社稷春。

七律·晋地体育采风有感

谢雪峰

昨日念兹今在兹,
团行更好踏芳枝。
捶丸二水定高下,①
蹴鞠一山分早迟。②
赛马观墙促书老,
左云右玉用情痴。③
并州自古龙兴地,
破雾穿空正合时。

---

① 古代捶丸活动在山西的主要传播区域是黄河流域与汾河流域。

② 古代蹴鞠活动源于太行山以东鲁地,山西紧随其后。

③ 左云、右玉两县有多处明长城遗址,含体育元素的观光活动也很多;右玉有马会和马场,举行过并将继续举行赛马活动。促书老:"人书俱老"是一种高境界,"人已老而促书老"自然成为一种追求。

七绝·看文瀛公园群体活动

刘德佩

杏花初放柳芽舒,
晨练人群竞绕湖。
皆道山西风景好,
勃勃生气绘新图。

七绝·山西体育中心泰山石感赋

田麦久

巍巍华盖泰山石，①
雄镇八方登玉墀。
百寿姚公书翰墨，②
笑迎三晋跃飞时。

---

①山西省主体育场前立有巨型泰山石一尊，由姚奠中先生题写"山西体育中心"六个大字。

②姚公：姚奠中，山西省九三学社原主委，尝以99岁高龄挥毫题写"山西体育中心"，苍劲有力，刻于泰山石上。